U0111633

說個不停的脆脆豆

善用長處

新雅文化事業有限公司
www.sunya.com.hk

小跳豆做最好的自己故事系列

培養積極樂觀的正向性格,讓孩子快樂地成長!

擁有正向性格的孩子,會願意主動探索新事物和迎接挑戰。因此,培養幼兒樂觀積極的正向態度非常重要。

《小跳豆做最好的自己故事系列》共10冊,分別由10位性格不同的豆豆好友團團員擔當主角。孩子透過他們的經歷,可以進一步認識自己、了解他人,嘗試明白並接納不同人的性格特點,學習以正向的態度發揮所長、擁抱自己的不完美,以及面對各種困難,積極樂觀地成長。

豆豆好友團介紹

跳跳豆

糖糖豆

哈哈豆

小紅豆

皮皮豆

胖胖豆

力力豆

博士豆

火火豆

脆脆豆

齊來認識本冊的主角吧！

脆脆豆

- 好奇心強
- 最愛熱鬧
- 喜歡說話

新雅‧點讀樂園 升級功能

　　本系列屬「新雅點讀樂園」產品之一，若配備新雅點讀筆，爸媽和孩子可以使用全書的點讀和錄音功能，聆聽粵語朗讀故事、粵語講故事和普通話朗讀故事，更可錄下爸媽和孩子的聲音來說故事，增添親子閱讀的趣味！

　　家長如欲另購新雅點讀筆，或想了解更多新雅的點讀產品，請瀏覽新雅網頁(www.sunya.com.hk)。

如何使用新雅點讀筆閱讀故事？

1. 下載本故事系列的點讀筆檔案

1 瀏覽新雅網頁(www.sunya.com.hk) 或掃描右邊的QR code 進入 新雅‧點讀樂園 。

2 點選 下載點讀筆檔案 ▶ 。

3 依照下載區的步驟說明，點選及下載《小跳豆做最好的自己故事系列》的點讀筆檔案至電腦，並複製至新雅點讀筆的「BOOKS」資料夾內。

2. 啟動點讀功能

　　開啟點讀筆後，請點選封面右上角的 新雅‧點讀樂園 圖示，然後便可翻開書本，點選書本上的故事文字或圖畫，點讀筆便會播放相應的內容。

3. 選擇語言

如想切換播放語言，請點選內頁右上角的 粵 ☆ 普 圖示，當再次點選內頁時，點讀筆便會使用所選的語言播放點選的內容。

4. 播放整個故事

如想播放整個故事，請直接點選以下圖示：

5. 製作獨一無二的點讀故事書

爸媽和孩子可以各自點選以下圖示，錄下自己的聲音來說故事！

1 先點選圖示上 爸媽錄音 或 孩子錄音 的位置，再點 OK，便可錄音。

2 完成錄音後，請再次點選 OK，停止錄音。

3 最後點選 ▶ 的位置，便可播放錄音了！

4 如想再次錄音，請重複以上步驟。注意每次只保留最後一次的錄音。

爸媽請使用
這個圖示錄音

孩子請使用
這個圖示錄音

脆脆豆是一個愛說話的孩子。
在家裏，
他總是吱吱喳喳地說個不停。

在學校裏，
脆脆豆也是吱吱喳喳地說個不停。

在餐廳、電影院、圖書館裏，
脆脆豆還是吱吱喳喳地説個不停。

可是，愛説話的脆脆豆，
卻經常説錯話呢！
這天，豆豆們正在排練「豆豆舞」，
為聯歡晚會的演出做準備。

其中有幾個旋轉的動作，
胖胖豆就是跟不上。
脆脆豆着急了，說：
「你怎麼這麼笨？
比笨蛋還笨，
我看你還是別跳了。」

這次表演是團體活動，
胖胖豆已經很努力練習。
聽了脆脆豆的話，
胖胖豆像洩了氣的氣球，
難過地走開了。

「脆脆豆，你這樣說話，
胖胖豆會很傷心的。」
博士豆說。
脆脆豆知道自己說錯話了。
他沒有想過自己隨口一說，
別人會受到傷害。

「我知道你愛説話，
但説話要顧及別人的感受，
不能説無禮和傷人的話。」
博士豆説。

第二天，跳跳豆送了一本
《開心故事集》給脆脆豆，說：
「你的聲音清脆悅耳，
最適合講故事了。
大家都等着聽你講故事呢。」

脆脆豆一有空，就練習講故事；
一有機會，就給大家講故事。
他講得越來越動聽，
大家也越來越愛聽了。

「幼稚園講故事比賽」快將舉行。
同學一致選出脆脆豆為學校代表。
為了全校的榮譽，
脆脆豆更用心練習了。

比賽那天，
選手們都有很好的表現。
其中最出色的，就是脆脆豆了。

現在，愛說話的脆脆豆
變成愛講故事的脆脆豆。
他經常用悅耳的聲音，
給小朋友講故事，
大家都聽得津津有味呢。

小跳豆做最好的自己故事系列
說個不停的脆脆豆

作者：袁妙霞
繪圖：李成宇
策劃：黃花窗
責任編輯：黃佩雅
美術設計：劉麗萍
出版：新雅文化事業有限公司
香港英皇道499號北角工業大廈18樓
電話：（852）2138 7998
傳真：（852）2597 4003
網址：http://www.sunya.com.hk
電郵：marketing@sunya.com.hk
發行：香港聯合書刊物流有限公司
香港荃灣德士古道220-248號荃灣工業中心16樓
電話：（852）2150 2100
傳真：（852）2407 3062
電郵：info@suplogistics.com.hk
版次：二〇二三年六月初版

ISBN: 978-962-08-8155-8
© 2023 Sun Ya Publications (HK) Ltd.
18/F, North Point Industrial Building, 499 King's Road, Hong Kong
Published in Hong Kong SAR, China
Printed in China